PROGRAMME DES CATHOLIQUES

DE

L'ALSACE-LORRAINE

DEVANT L'ANNEXION

PAR

M. l'Abbé GRISER

Curé de Lixheim.

Se vend au profit des Œuvres catholiques de Lixheim.

STRASBOURG

Typographie de E.-P. Le Roux

1871

Traduction réservée.

PROGRAMME DES CATHOLIQUES

DE

L'ALSACE-LORRAINE

DEVANT L'ANNEXION.

I.

Lorrain, je prends acte de la déclaration faite dernièrement par le comte de Bismarck au Reichstag, de l'engagement qu'il a pris de nous octroyer une *large liberté communale et individuelle;* prêtre, je dois laisser à d'autres le soin de traiter et d'obtenir pour l'État Alsace-Lorraine toutes les libertés civiles, politiques et commerciales désirées, ce dont du reste s'est déjà occupé une commission formée à Strasbourg et composée des notables du Bas-Rhin, je tiens à me rappeler avant tout la parole d'un grand Saint : *Dieu n'aime rien tant sur la terre que la liberté de son Église;* curé d'une paroisse mixte, où j'ai pu étudier de plus près les aspirations de chaque culte et où j'ai toujours cherché à concilier les exigences de la charité chrétienne avec l'inflexibilité des principes catholiques, je crois pouvoir parler avec un peu d'expérience et beaucoup de calme. Depuis le commencement de la guerre franco-allemande j'ai observé, lu, médité, même voyagé. J'ai surtout étudié le catholicisme dans les provinces rhénanes. Au lecteur catholique à peser mes observations et à faire les siennes : Dieu bénira les unes et les autres.

II.

Faut-il émigrer ?

Un habitant fort sensé de l'Alsace a déjà traité cette question dans un journal de Strasbourg. Voici ce que je lisais sous la date du 20 avril.

«La question de l'émigration est résolue pour la majorité
«d'entre nous par les nécessités de leur position. Elle
«s'adresse donc aux Alsaciens privilégiés qui sont à même
«de la résoudre affirmativement, grâce à leur condition
«indépendante ou grâce aux facilités qu'ils ont de se créer
«des ressources ailleurs. Je sais que nous tous qui sommes
«dans le cas de pouvoir opter, nous sommes portés par
«un mouvement irrésistible à nous soustraire à l'annexion
«forcée et à sacrifier notre attache provinciale, malgré
«bien des difficultés et au prix de dommages matériels
«parfois considérables. Je ne relèverai pas ici ce que nous
«savons et sentons tous pour justifier la décision d'émigrer :
«il suffirait de la violation de la dignité d'homme par le
«fait de l'annexion par droit de conquête. J'oserais toute-
«fois prier ceux de mes compatriotes que le sacrifice d'in-
«térêts matériels et de relations personnelles ne saurait ni
«toucher ni arrêter et qui sont résolus à tourner le dos à
«leur pays de naissance, de peser les questions que voici :
«N'avons-nous pas, indépendamment de la France, des
«devoirs à remplir à l'égard de l'Alsace d'abord ? A l'égard
«de la majorité de nos compatriotes, obligés de rester, en-
«suite ? Nous est-il permis enfin, dans les circonstances
«données, de n'écouter que notre sentiment personnel ?»

«Observons d'abord que tous ceux d'entre nous qui émi-

«greront abonderont dans le sens du conquérant. De ce
«côté on désire que l'émigration de ce qu'on appelle l'élé-
«ment français se fasse aussi nombreuse que possible. La
«germanisation en sera d'autant plus facile, plus prompte,
«plus complète, plus irréparable... Eh bien! l'Alsace avec
«son caractère propre, cette province qui a son génie parti-
«culier, son histoire, ses traditions et, depuis la grande révo-
«lution française, ses instincts et ses principes sociaux et po-
«litiques bien marqués, surtout dans le nouveau groupement
«des États, cette Alsace pour laquelle, si elle n'est point
«reniée, on entrevoit un noble avenir, n'a-t-elle pas de
«droits sur ses fils? Ces fils cessent-ils de lui appartenir,
«puisqu'elle a le malheur de tomber sous la main d'un
«conquérant étranger? Le même coup qui la détache de la
«France rompt-il toutes les obligations, et sommes-nous
«autorisés à nous regarder comme dégagés de notre cité
«natale, de notre province d'origine, parce que, malgré
«elles, leurs destinées sont malheureuses et soulèvent
«dans nos cœurs des flots d'amertume? N'avons-nous pas
«plutôt à partager leur sort, à accepter la situation avec
«courage, à nous rendre compte de ce que nous pouvons
«faire en commun pour diminuer les effets de la catastrophe
«et pour sauver par des efforts intelligents, réunis, per-
«sévérants, la nationalité particulière à notre peuple? Cette
«tâche m'apparaît comme un devoir indiscutable, surtout
«pour ceux qui, moins dépendants des intérêts matériels
«qui offrent tant de prix au conquérant, sont de préférence
«appelés à représenter et à défendre la moralité politique
«de notre pays. Si les hommes indépendants et jeunes
«viennent à déserter l'Alsace, il la livrent tout simplement
«une seconde fois et cette fois-ci moralement aux Alle-

«mands. A quel devoir sacrifieraient-ils ainsi le devoir
«le plus rapproché et le plus évident?

«Ensuite notre expatriation, quelle position fera-t-elle
«à ceux d'entre nos compatriotes (et c'est la majorité) qui
«ne peuvent, comme nous, suivre leurs sentiments per-
«sonnels et qui sont obligés de se soumettre à la situation
«donnée? Notre fuite rendra leur position cent fois plus
«malheureuse. Ils se sentiront doublement navrés, humi-
«liés, abandonnés : navrés d'être enchaînées à la glèbe;
«humiliés par le triomphe évident mais bien impérieux des
«intérêts matériels; abandonnés, puisque la consolation
«qu'ils pourraient tirer de la présence volontaire, libre,
«de leurs compagnons d'infortune et d'exil, leur sera re-
«fusée. Nous leur léguerons le découragement qui les livrera
«plus sûrement, soit à l'influence de l'étranger, soit à l'ir-
«ritation passionnée propre seulement à provoquer un trai-
«tement plus violent. Infailliblement nous aggraverons
«leur malheur; nous les rendrons ou plus serviles ou plus
«misérables. La position de ces nombreuses victimes sera
«toute autre; elle trouvera quelque dignité, quelque mo-
«ralité, en tout cas un grand soulagement et un noble appui,
«si généreusement et fraternellement, imposant silence à
«nos indignations, à nos sympathies toutes personnelles,
«nous restons unis dans la même infortune et nous organi-
«sons entre nous, patriotiquement, en vue d'un programme
«digne de notre passé et propre à nous assurer par les
«moyens convenables notre liberté et notre indépendance
«morale. Ah, si nous pouvions nous entendre ainsi et faire
entendre, par notre exemple et nos efforts, ce que peut,
«au milieu des plus grandes épreuves et du plus poignant
«abaissement, une population qui sait distinguer l'an-

«nexion matérielle de l'annexion morale et qui sait em-
«brasser le devoir de faire saisir cette différence entre deux
«ordres dont l'antagonisme ne peut pas durer toujours !»

Ce qui est vrai de l'Alsace l'est également de la Lorraine
allemande. Je n'ajouterai qu'un mot. Le catholicisme
forme dans l'Alsace-Lorraine une majorité écrasante; il
compte 1,400,000 fidèles sur 200,000 dissidents. Qui
voudrait par l'émigration affaiblir cette majorité? Ou bien
nous retournerons à la France dans un avenir plus ou moins
prochain, et alors conservons au milieu de nous les traditions patriotiques et catholiques de la France; ou bien la
divine Providence veut nous unir pour longtemps à nos
frères catholiques de l'Allemagne, et alors sachons com-
battre avec eux un bon combat pour la vérité, pour la
liberté. *La vie de l'homme sur la terre doit être une
lutte continuelle*, dit Job, et l'apôtre saint Paul nous
l'affirme : *celui-là seul sera couronné qui aura légitimement combattu.* L'avenir ne saurait appartenir ni au *libre
examen*, ni au *naturalisme*, ni au *militarisme;* la croix
seule et le catholicisme ont les promesses divines.

III.

Tolérance et Intolérance

Avant d'aborder le chapitre de nos libertés religieuses,
jetons un coup d'œil sur les grands mots de *tolérance* et
intolérance que tant de personnes ont sans cesse à la
bouche et dont les journaux remplissent si souvent leurs
colonnes. Ce ne sont assurément pas ceux qui parlent le
plus de *tolérance* qui sont le plus disposés à la mettre en

pratique : l'expérience est là pour le prouver. Si nous parcourons actuellement le monde, où trouvons-nous l'*intolérance?* Allez le demander aux émeutiers de Paris persécuteurs du prêtre, aux révolutionnaires d'Italie persécuteurs du Souverain-Pontife, au Czar de Russie persécuteur des catholiques de la Pologne et de la Lithuanie, aux Chinois et aux Indous persécuteurs du missionnaire etc. Nulle part vous trouverez ce catholicisme que certains auteurs et certaines imaginations se plaisent à représenter si *violent.* Cela est tellement vrai que pour parler de l'*intolérance* du catholicisme, l'on est obligé d'exhiber journellement les histoires vieillies de l'Inquisition, de la Saint-Barthelémy et de l'Édit de Nantes auxquelles la politique a pris plus de part que la religion. Naguère encore un pauvre pharmacien de nos contrées y faisait allusion, sans oublier, cela va sans dire, le jésuitisme et le fanatisme, dans une brochure destinée à justifier une conduite qu'un acquittement du conseil de guerre défendait mieux que tant d'insinuations perfides. Je souris vraiment de pitié en lisant de pareilles élucubrations, et encore davantage quand j'entends certaines gens ~~voisins~~ raconter sérieusement à leurs voisins que les catholiques auraient massacré tous les protestants, si la France avait été victorieuse de la Prusse ! Y aura-t-il donc toujours des gens assez méchants pour appliquer la maxime de Voltaire : *mentez, il en restera toujours quelque chose?* Ou bien, *le nombre des insensés,* selon l'expression de nos livres saints, *sera-t-il toujours infini?*

Commençons d'abord par reconnaître que le vrai catholique seul est tolérant, parce que la charité chrétienne est *douce, patiente, sans ambition, sans orgueil, ne pense* pas le mal, ne cherche pas uniquement ses propres intérêts, d'après les caractères que nous en trace saint Paul. — Ne fais pas à autrui ce que tu ne voudrais pas qu'on te fasse à toi-même : ce grand principe de droit naturel et de droit évangélique sera toujours le seul et vrai principe de toute tolérance réelle. Si nous trouvons parmi ceux qui ne partagent pas toutes nos croyances, de véritables amis de la tolérance, d'où cela vient-il? C'est qu'ils suivent le principe catholique que je viens de citer, ou cet autre non moins catholique et que j'ai lu gravé au-dessus de la porte d'un temple calviniste : Aimez Dieu et le prochain. Pourquoi alors tant d'hommes politiques ont-ils deux poids et deux mesures? Pourquoi certaines majorités tendent-elles à devenir oppressives, tandis que beaucoup de minorités turbulentes et ambitieuses veulent à tout prix absorber la majorité, soit dans l'État soit dans la commune? Laissons à chacun sa place convenable et sachons toujours apporter, dans les affaires publiques comme dans nos relations particulières, cet esprit de modération seul capable de juger sainement des hommes et des choses, cet esprit de douceur et de mansuétude qui gagne les cœurs et dont il est écrit : Bienheureux ceux qui sont doux, ils posséderont la terre! N'allons pas nous croire sages à nos propres yeux, nous perdre dans de vaines disputes de mots, ni briser, à propos d'opinions parfaitement libres, le roseau qui plie ou éteindre la mèche qui fume encore. Ne défendons pas la vérité avec violence : l'erreur seule est intolérante parce qu'elle a besoin de la force pour se maintenir, tandis que la vérité sait trouver le chemin des cœurs par la persuasion. L'erreur asservit, la vérité nous rend libres. Dieu et l'expérience le proclament.

Mais dira-t-on : l'Église catholique n'est-elle pas la plus grande école d'oppression pour les intelligences avec ses dogmes immuables, son autorité infaillible? Je réponds : Non, mille fois non! Quelle intolérance y a-t-il donc à ne pas confondre, suivant le précepte de l'apôtre, *la lumière avec les ténèbres, le Christ avec Bélial,* la vérité avec l'erreur? Comment me sentirais-je opprimé quand l'Église, dont j'ai une fois reconnu l'autorité et la mission divines, me dit : Ce n'est pas à tel ou tel homme que vous vous soumettez par la foi, mais à Dieu seul dont la *parole est vérité et demeure éternellement!* Jésus-Christ, notre Maître et Docteur, n'a-t-il pas enseigné lui-même : *Celui qui ne croira pas sera condamné?* Et l'Apôtre : *Il n'y a qu'un Dieu, qu'une foi, qu'un baptême?* — Lors du passage des troupes allemandes dans ma paroisse, au mois d'août 1870, j'eus à loger un ministre du culte évangélique de la Silésie. Vers le soir je me promenais avec lui dans le jardin du presbytère parlant de choses et d'autres, lorsque tout à coup il s'écria : «Que dit-on du Concile, Monsieur le curé?» — «Nous espérons que ses décisions produiront les effets les plus salutaires.» — «Je le crois. Mais comment le clergé de ce pays envisageait-il la question de l'infaillibilité du Souverain-Pontife?» — «Nous appelions de tous nos vœux la proclamation de ce grand dogme.» — «A la bonne heure! car, d'après vos principes catholiques, il est rigoureusement nécessaire que le Pape soit infaillible, puisque vous lui donnez une autorité divine pour gouverner l'Église, tandis que nous, nous ne lui reconnaissons qu'une autorité humaine.» Je voulus lui démontrer par les textes de l'Évangile que Jésus-Christ avait réellement délégué ses pouvoirs divins à l'apôtre

saint Pierre et par lui à ses successeurs, les Souverains-
Pontifes, mais il passa brusquement à un autre sujet. Un
de ses confrères d'Allemagne vient de se convertir au catholicisme parce que, disait-il à un évêque, il ne craignait
plus de s'égarer avec un Pape infaillible. Aurait-on fait
tant de bruit autour de cette vérité importante si on lisait
attentivement les sages décrets du Concile? Méditons seulement quelques passages.

«Parce qu'il est impossible de plaire à Dieu sans la foi
«et d'entrer en partage avec ses enfants, personne ne se
«trouve justifié sans elle et ne parvient à la vie éternelle
«s'il n'y a persévéré jusqu'à la fin. Et pour que nous
«puissions satisfaire au devoir d'embrasser la vraie foi et
«d'y demeurer constamment, Dieu, par son Fils unique,
«a institué l'Église et l'a pourvue de marques visibles de
«son institution, afin qu'elle pût être reconnue de tous
«comme la gardienne et la maîtresse de la parole révélée.
«L'Église par elle-même avec son admirable propagation,
«sa sainteté éminente et son inépuisable fécondité pour
«tout bien, avec son unité catholique et son immuable
«stabilité, est un grand et perpétuel argument de crédi-
«bilité, un témoignage irréfragable de sa mission divine.
«Et par là, comme un signe dressé au milieu des nations,
«elle attire à elle ceux qui n'ont pas encore cru, elle ap-
«prend à ses enfants que la foi qu'ils professent repose
«sur un fondement très-solide. A ce témoignage il faut
«ajouter le secours efficace de la vertu d'en haut. Car le
«Seigneur très-miséricordieux excite et aide par sa grâce
«ceux qui errent, afin qu'ils puissent arriver à la connais-
«sance de la vérité, et ceux qu'il a tirés des ténèbres à son
«admirable lumière, il les confirme par sa grâce qui ne

«manque que lorsqu'on y manque, afin qu'ils demeurent
«dans cette même lumière.... De même que Jésus-Christ
«a envoyé les Apôtres qu'il s'était choisis dans le monde,
«comme lui-même avait été envoyé par son Père, de
«même il a voulu des pasteurs et des docteurs dans son
«Église jusqu'à la consommation des siècles. Mais pour
«que l'Épiscopat fût un et non divisé, pour que la multi-
«tude de tous les croyants fût conservée dans l'unité de
«foi et de communion par les prêtres unis entre eux, pla-
«çant le bienheureux Pierre au-dessus des autres Apôtres,
«il a institué en lui le principe perpétuel et le fondement
«visible de cette double unité, afin que sur sa solidité fût
«bâti le temple éternel et que sur la fermeté de sa foi s'é-
«levât l'édifice sublime de l'Église qui doit être porté
«jusqu'au ciel.... *Le Saint-Esprit n'a pas été promis à*
«*Pierre et à ses successeurs pour qu'ils publiassent, d'a-*
«*près ses révélations, une doctrine nouvelle, mais pour*
«*que, avec son assistance, ils gardassent saintement et*
«*exposassent fidèlement les révélations transmises par*
«*les Apôtres, c'est-à-dire le dépôt de la foi.* Tous les
«vénérables Pères ont embrassé, et tous les saints docteurs
«orthodoxes ont vénéré et suivi leur doctrine apostolique,
«sachant parfaitement que ce Siége de Pierre reste tou-
«jours exempt de toute erreur, selon cette divine promesse
«du Seigneur notre Sauveur faite au prince des Apôtres :
«*j'ai prié pour toi, afin que ta foi ne défaille pas; et*
«*toi, lorsque tu seras converti, confirme tes frères....*
«Puisqu'à cette époque, où l'on a besoin plus que jamais
«de la salutaire efficacité de la charge apostolique, tant
«d'hommes se rencontrent qui cherchent à rabaisser son
«autorité, nous jugeons qu'il est tout à fait nécessaire

«d'affirmer solennellement la prérogative que le Fils
«unique de Dieu a daigné joindre au suprême office pas-
«toral. C'est pourquoi, nous attachant fidèlement à la tra-
«dition qui remonte au commencement de la foi chrétienne,
«pour la gloire de Dieu notre Sauveur, pour l'exaltation
«de la religion catholique et le salut des peuples chrétiens,
«nous enseignons et définissons, avec l'approbation du
«saint Concile, que c'est un *dogme divinement révélé :*
«que le Pontife romain, lorsqu'il parle *ex cathedra,* c'est-
«à-dire lorsque, remplissant la charge de pasteur et de
«docteur de tous les chrétiens, en vertu de sa suprême
«autorité apostolique, il définit qu'une *doctrine sur la foi*
«*ou les mœurs* doit être tenue par l'Église universelle,
«jouit pleinement, par *l'assistance divine,* qui lui a été
«promise dans la personne du bienheureux Pierre, de
«cette *infaillibilité* dont le divin *Rédempteur a voulu que*
«*son Église fût pourvue* en définissant la doctrine tou-
«chant la foi ou les mœurs, et, par conséquent, que de
«telles définitions du Pontife romain sont irréformables
«par elles-mêmes et non en vertu du consentement de
«l'Église. Que si quelqu'un, ce qu'à Dieu ne plaise, avait
«la témérité de contredire notre définition, qu'il soit ana-
«thème.»

IV.

Liberté concordataire.

Un des premiers soins du gouvernement général de
l'Alsace-Lorraine, en prenant possession de notre terri-
toire, a été de proclamer le maintien du Concordat de
1801. Il le devait. Quoique nous soyons séparés de la

France, le Concordat conserve force de loi pour les provinces annexées, à moins que le Souverain-Pontife, d'accord avec l'empereur d'Allemagne, ne vienne à déroger à l'un ou l'autre de ses articles. Nous continuerons donc à le défendre et à en demander la stricte observation. Mais à côté du Concordat, il y a les *Articles organiques*. Le Pape Pie VII s'est plaint de leur publication et en a réclamé énergiquement la suppression auprès du gouvernement de Napoléon 1er. Le Concordat de 1817, qui malheureusement n'a pas été exécuté en France, stipulait : *Les articles dits organiques faits à l'insu de Sa Sainteté et publiés sans son aveu, le 6 avril* 1802, *sont abrogés en ce qu'ils ont de contraire à la doctrine et aux lois de l'Église.* Il est évident qu'on ne peut pas ajouter à un traité des clauses supplémentaires sans le consentement des deux parties contractantes. J'aime à croire que M. de Kühlwetter, en parlant des *Articles organiques* en même temps que du Concordat, n'a pas voulu les interpréter dans un autre sens que celui du Concordat de 1817. L'Allemagne nous promet et s'est déclarée en plein *Reichstag* plus capable de nous donner une vraie liberté que la France; elle n'ira pas ressusciter les vieilles chicanes du Gallicanisme, des soi-disants canons reçus en France, des appels comme d'abus, du placet impérial. La Prusse laisse plus de libertés à ses sujets catholiques qu'aucun autre pays de l'Allemagne; le nouvel empereur ne changera pas de conduite maintenant que leur nombre s'est considérablement accru. Quels sont donc les articles du Concordat de 1801 qui trouvent aujourd'hui encore leur application? — Je ne parle pas de ceux qui ne réglaient que des choses transitoires et relatives aux moments où il a été conclu. — Les voici :

Art. 1ᵉʳ. *La religion catholique, apostolique, romaine, sera exercée librement en France. Le culte sera public. Toutefois il sera tenu compte des règlements de police que le gouvernement jugera nécessaires pour la tranquillité publique.*

Il est évident que cet article condamne toutes entraves que le gouvernement susciterait à l'exercice public du culte, comme toute immixtion de sa part dans les affaires purement ecclésiastiques. C'est à l'Église à régler tout ce qui a rapport à l'office divin, à l'instruction religieuse, à la dispensation des sacrements, à la sépulture chrétienne, aux processions. Comment le culte pourrait-il être public et libre sans cela? Et si l'administration civile a des mesures de police à prendre pour la tranquillité publique, n'est-ce pas plutôt pour protéger cet exercice public du culte que pour le gêner? Car le culte extérieur produira toujours l'édification et non le désordre. — Le gouvernement doit également éviter de violenter un sujet quelconque dans sa liberté religieuse. Sans doute il ne peut pas atteindre le for intérieur ni porter directement atteinte à la liberté de conscience; il pourrait toutefois empiéter sur la liberté religieuse des familles par le mariage et l'école. La Prusse a renoncé sagement et depuis longtemps à ses anciennes luttes avec l'épiscopat catholique et le Saint-Siége au sujet des mariages mixtes. C'est une garantie pour l'avenir. Quant aux écoles, elles sont déjà placées sous le contrôle du clergé : nous devons attendre les meilleurs résultats d'une forte direction religieuse qui a donné aux écoles d'Allemagne une si grande supériorité. Mais ne serait-ce pas indirectement porter atteinte à la liberté religieuse de populations complétement catholiques que de leur donner presqu'uniquement des fonctionnaires protestants? Pourquoi enverrait-on les employés catholiques dans des centres exclusivement protestants? Pourquoi dans vos journaux officiels ou demi-officiels attaqueriez-vous le chef de la catholicité? Le Concile du Vatican a décrété : *Nous réprouvons et condamnons l'opinion de ceux qui disent que la communication du chef suprême avec les pasteurs et les troupeaux peut être légitimement empêchée ou qui la font dépendre du pouvoir séculier, prétendant que les choses établies par le Siége apostolique ou en vertu de son autorité n'ont de force et de valeur que si elles sont confirmées par l'agrément de la puissance séculière.* Quand même on n'empêcherait pas violemment le Souverain-Pontife de communiquer librement avec les évêques et les fidèles, ferait-on moins en travestissant ou dénigrant ses actes, en attentant de mille manières à son influence? Ce n'est pas ainsi que nous entendons la liberté concordataire, et nous voulons que notre Père commun soit au moins respecté par le gouvernement de notre pays, si nous n'obtenons pas que l'empire d'Allemagne redevienne le saint empire romain sans mélange de Césarisme.

Art. 9, 10, 11, 14 et 17. *Les évêques, dans chaque diocèse, établiront de nouvelles paroisses dont la délimitation ne sera définitive qu'après le consentement du gouvernement. — Les évêques seuls nommeront aux paroisses, mais ne choisiront que des personnes agréées par le gouvernement. — Les évêques pourront avoir un chapitre dans l'église cathédrale et un séminaire dans chaque diocèse, sans que le gouvernement soit obligé de les doter. — Le gouvernement se charge de procurer aux évêques et aux curés un traitement convenable à leur rang. Le premier consul jouira des droits et privi- léges accordés par le Saint-Siége aux rois de France, mais de part et d'autre l'on est convenu que, dans le cas où l'un des successeurs du premier consul ne profes- serait pas la religion catholique, une nouvelle conven- tion devra être faite relativement à la nomination des archevêques et évêques.*

Je n'ai rien à dire du traitement alloué aux curés. Est-il *convenable?* Je rougirais de demander actuellement une augmentation. Nos évêques ne pourraient-ils pas chercher, tant que le Concile du Vatican n'aura pas statué sur le sort des curés desservants ou succursalistes, à augmenter le nombre des curés inamovibles de seconde classe, comme, du reste, c'est le vœu de l'Église et de nos récents Con- ciles provinciaux? Il me siérait également mal de m'oc- cuper de la nomination des évêques : notre Saint-Père le Pape saura déjà prendre les mesures qui sauvegarderont la liberté et les intérêts de l'Église, soit qu'il fasse lui- même l'élection ou la fasse faire par le clergé, le gou- vernement cessant de procéder à ces nominations, à la grande satisfaction de tous les vrais amis de la liberté. Faut-il redouter des conflits relativement à la nomination des curés ou à la dotation des chapitres et des séminaires? Je ne le pense pas. Le nouveau gouvernement ne saurait influencer beaucoup ces sortes de nominations, puisqu'il n'a que le droit d'indiquer ses préférences ; il a déjà maintes fois déclaré vouloir maintenir, autant que possible, les usages en vigueur, et partant le traitement des cha- noines et les secours alloués aux séminaires seront con- tinués, s'il sait tenir sa parole.

Art. 15. *Le gouvernement aura soin de laisser chacun libre de venir en aide aux églises par de nouvelles fondations.*

Il paraît qu'à cet égard les choses se passent en Prusse d'une manière beaucoup plus expéditive et moins gênante qu'en France. D'après un décret du 23 février 1870, l'autorisation royale, qui encore peut être donnée par un délégué du roi, n'est requise que pour une donation ou un legs dépassant ~~trois~~ mille thalers, et les droits ne sont que de cinq pour cent. Quand il s'agit d'immeubles toutefois, il faut toujours une autorisation. Tout se passe sans difficultés, même pour les plus grandes sommes, et sans toute cette paperasserie, ces lenteurs, ces mille détails de bureaucratie qui ont tant contribué à la ruine de la France. Espérons que l'article 15 du Concordat sera bien compris par nos administrateurs actuels. Nos églises et nos cures respireront plus à l'aise. L'État et les communes y gagneront, si leurs subventions aux fabriques deviennent moins nécessaires.

V.

Liberté d'enseignement.

Depuis quarante ans, les catholiques de France ont revendiqué avec énergie la liberté d'enseignement. Nous voulons conserver ce que nous avons acquis et, au besoin, obtenir encore davantage. L'Alsace et la Lorraine renferment une foule d'établissements libres pour l'instruction de la jeunesse et de nombreuses pépinières d'instituteurs et d'institutrices congréganistes. Chaque évêque entend rester libre de diriger ses petits-séminaires et colléges épiscopaux. Chaque congrégation entend rester libre de distribuer ses lettres d'obédience, de consolider ses établissements et d'en fonder de nouveaux ; tous ceux que la loi de 1850, soit laïques, soit prêtres, jugeait aptes à fonder des établissements libres d'instruction, entendent maintenir leur droit. Quel mal n'a pas fait à la France le monopole universitaire ! Naguère encore, lorsque les portes de Paris s'ouvrirent après un siége douloureux de cinq mois, les plus célèbres professeurs universitaires n'ont-ils pas, dans une de leurs réunions, rejeté les maux de la France sur l'Université qui a fait baisser le niveau intellectuel et tué la science par son monopole pour la délivrance des diplômes, ses rivalités mesquines contre les établissements libres, son organisation malheureuse ? Où irions-nous, sans la liberté d'enseignement, avec l'école obligatoire, déjà introduite dans nos contrées. Si l'on voulait tracasser certaines congrégations sous prétexte qu'elles ne sont pas suffisamment préparées pour donner l'instruction telle que l'exige le nouveau régime sous lequel nous vivons, je répèterais pour toutes ce que je disais autrefois d'une congrégation alors accusée d'être trop allemande : « Quand la Congrégation de Saint-Jean-de-Bassel n'aurait «servi qu'à faire disparaître d'une foule de paroisses ces «écoles mixtes dont le Conseil général du département «lui-même demandait la suppression, n'aurait-elle pas déjà «rendu d'immenses services ?... Au lieu de trop nous im-«patienter, ayons quelques paroles d'encouragement pour «cette intéressante Congrégation, et nous verrons qu'elle «prospèrera sous tous les rapports.» En Allemagne, on n'a pas l'habitude d'aller trop vite ; brusquerait-on les choses pour les écoles ? — Il est question, dit-on, de créer une faculté de théologie à côté des autres facultés de l'Université de Strasbourg. Le clergé lorrain et alsacien verrait certainement avec satisfaction la prompte réalisation de ce projet, mais il veut des cours libres et indépendants de l'autorité civile. Si le Souverain-Pontife et l'Évêque de Strasbourg ne doivent pas avoir le droit de nommer les professeurs, de surveiller l'enseignement, de révoquer, au besoin, les professeurs, quel service nous rendrait une faculté anticanonique? C'est à l'Église à dispenser l'enseignement religieux, et non à l'État. Loin de nous le scandale de certains professeurs des universités de l'Allemagne, qui foulent aux pieds les censures ecclésiastiques, s'élèvent contre les dogmes du catholicisme et restent sur leur chaire devenue une chaire de pestilence, au lieu d'être une chaire de vérité !

Il n'est pas sans intérêt, puisque nous parlons de liberté, d'examiner quelle langue doit être enseignée de préférence dans nos écoles. Le clergé allemand de nos pays s'est de tout temps beaucoup préoccupé de cette question, et je suis persuadé qu'actuellement mes confrères des paroisses totalement françaises qui sont annexées à l'empire d'Allemagne, s'en préoccupent à leur tour. A la fin de 1862, j'écrivais de Sarrebourg, où j'étais vicaire d'un oncle vénéré mort l'année suivante, au journal *l'Espérance*, de Nancy : «Je viens de lire le rapport présenté dernièrement au conseil «départemental sur la situation de l'instruction primaire «pendant l'année 1861-1862, par M. l'Inspecteur d'Aca- «démie en résidence à Nancy. Ce rapport est assurément «très-remarquable et plein de détails intéressants. J'ai été «surpris d'y rencontrer une accusation répétée depuis un «certain nombre d'années avec une persistance incompré-

«hensible, une accusation qui mérite certainement d'être
«pesée à sa juste valeur. M. l'Inspectenr me pardonnera
«d'avoir recours à la voie du journal pour soumettre quel-
«ques observations à son impartiale appréciation : l'accu-
«sation n'a-t-elle pas été publiée dans une Revue men-
«suelle, le *Bulletin académique*, qui se trouve entre les
«mains de tous les instituteurs? Il s'agit d'une question
«qui intéresse l'honneur du clergé d'une partie du diocèse;
«et, le plus petit d'entre mes confrères, j'ose élever la
«voix pour repousser une accusation que je crois injuste.
«Je le ferai, je l'espère, sans manquer en rien au respect
«et à l'estime que je dois et que je porte à tout homme
«revêtu de fonctions publiques; je le ferai avec tout le
«calme et toute la modération dont je suis capable, uni-
«quement dans le désir d'apporter un peu de lumière sur
«un terrain où souvent l'on ne s'est pas assez entendu
«parce que l'on ne s'expliquait pas assez. Je suis d'ailleurs
«persuadé que M. l'Inspecteur d'Académie n'a voulu
«blesser personne et qu'il aurait été plus réservé dans ses
«expressions s'il avait été plus complétement informé.

«Parmi les causes qui se sont opposées à la propagation
«de la langue française dans nos communes allemandes du
«département, M. l'Inspecteur d'Académie cite en premier
«lieu la vive opposition du clergé. Ces paroles sont tex-
«tuelles. Elles sont loin d'être atténuées par celles qui
«suivent : «Aujourd'hui l'opposition du clergé n'existe
«plus depuis que partout l'instituteur prête un concours
«utile et discret au curé et qu'il fait réciter en allemand
«les prières et le catéchisme. J'ai vu dans leurs paroisses
«ou dans des réunions de délégués les prêtres et les pas-
«teurs les plus estimés des contrées allemandes, j'ai en-

«tendu de leur bouche des paroles de paix, et nous
«n'avons plus à redouter cette polémique passionnée que
«l'enseignement du français a soulevée de 1854 à 1858.
«Est-ce à dire que nous pouvons compter sur la coopéra-
«tion de tous? Je ne l'affirmerais pas; mais du moins ce
«n'est plus là un obstacle sérieux, depuis surtout que le
«prélat qui administre le diocèse a manifesté hautement
«ses sympathies pour une cause si éminemment française.»
«Si je ne me trompe, il résulte des paroles de M. l'Inspec-
«teur d'Académie : 1° qu'autrefois l'opposition du clergé
«à la propagation de la langue française a été vive; 2° que
«maintenant cette opposition n'existe plus, depuis que
«l'instituteur partout prête un concours utile et discret au
«curé, mais qu'il n'est pas encore certain que l'adminis-
«tration puisse compter sur la coopération de tous les
«prêtres dans le but qu'elle se propose relativement à la
«propagation de la langue nationale. Or 1° jamais l'oppo-
«sition du clergé à la propagation de la langue française
«n'a été vive. Quand donc cette opposition aurait-elle été
«si vive? Serait-ce il y a trente ou quarante ans? Mais à
«cette époque la plupart des curés avaient plusieurs élèves
«auxquels ils enseignaient le français avec le latin et par-
«fois le français seul. Quelques prêtres même montaient
«de vastes écoles d'où sont sortis, non-seulement un cer-
«tain nombre d'ecclésiastiques, mais des instituteurs, des
«fonctionnaires, des cultivateurs parlant français. Aussi
«âgé que d'autres prêtres vénérables dont nous pleurons
«la perte et dont les œuvres et la mémoire survivent dans
«nos contrées, M. Griser, curé-archiprêtre de Sarrebourg,
«est encore là pour répéter à qui veut l'entendre, que si
«lui et d'autres n'ont pas continué à former beaucoup

«d'élèves français, la faute en était alors à l'administration
«académique elle-même. Malgré sa soumission à une foule
«de formalités légales assez gênantes, le curé d'Arsch-
«willer (M. le curé actuel de Sarrebourg était autrefois
«curé d'Arschwiller) se vit forcé de fermer l'établissement
«dirigé par lui et quelques professeurs, établissement qui
«comptait de nombreux élèves des localités voisines,
«presque tous logés chez ses paroissiens, dont les enfants
«s'instruisaient pour la plupart dans la langue française.
«Il ne voulait pas, pour continuer une œuvre toute de dé-
«vouement, compromettre sa dignité de prêtre en cédant
«à de nouvelles exigences universitaires, qui tendaient
«évidemment à paralyser ses louables efforts. Heureuse-
«ment que de nos jours la liberté d'enseignement est un
«peu mieux comprise. — Serait-ce à une époque plus
«rapprochée de nous que le clergé aurait fait opposition à
«la propagation de la langue française? Mais la polémique
«passionnée que l'enseignement du français a soulevée de
«1854 à 1858 prouve elle seule, avec la dernière évi-
«dence, que le clergé n'a jamais été hostile à l'enseigne-
«ment du français. Pourquoi cette polémique a-t-elle été
«passionnée? C'est bien parce que l'on ne cessait de pré-
«tendre que le clergé ne voulait pas de l'enseignement du
«français dans les écoles primaires, et le clergé tenait à
«repousser une accusation si injuste. Quand il réclamait
«uniquement dans l'intérêt même du français que l'alle-
«mand ne fût pas totalement proscrit; quand il s'étonnait
«qu'à propos d'une question de langage on osât attaquer la
«moralité des populations allemandes ; quand il demandait
«que les instituteurs ne sachant pas un mot d'allemand et,
«par suite, incapables de rendre service aux enfants et

«aux familles, fussent retirés; quand il exigeait, pour le
«salut des âmes et l'avenir chrétien des paroisses, que le
«catéchisme allemand, seul compris, fût enseigné, on
«criait bien haut : Voilà des curés ennemis de la langue
«française! la conclusion n'était guère concluante. —
«2° M. l'Inspecteur d'Académie, en déclarant que l'oppo-
«sition du clergé n'existe plus depuis que partout l'insti-
«tuteur prête un concours utile et discret au curé et qu'il
«fait réciter en allemand les prières et le catéchisme,
«admet implicitement lui-même que la polémique des
«années précédentes ne constituait pas une opposition
«contre l'enseignement du français, mais contre la mé-
«thode désastreuse dont on voulait faire usage pour pro-
«pager le français, et qui aurait abouti finalement à nous
«donner des enfants ne sachant ni français ni allemand,
«ne possédant ni éducation morale et religieuse ni éduca-
«tion intellectuelle. Il peut compter plus qu'il ne pense
«sur la coopération de tous les prêtres pour la propagation
«de la langue française. Si nous aimons la langue que
«nous avons apprise avant toute autre sur les genoux de
«nos mères et dont les beautés nous ravissent à juste titre,
«nous aimons également la belle langue française que nos
«études nous ont rendue plus facile; nous aimons à être
«français par le langage comme par les lois et par le
«cœur. Qui de nous ne manifesterait, à la suite de notre
«vénéré et digne évêque, ses loyales sympathies pour
«une cause éminemment française? Il est possible que
«M. l'Inspecteur d'Académie ait conservé dans ses cartons
«quelques lettres ou recueilli ici et là quelques paroles
«qui lui fassent craindre de ne pouvoir compter sur la
«coopération de certains prêtres. Mais ces lettres, ces

«paroles ne sont-elles pas plutôt l'expression de quelque
«mécontentement qu'autre chose? Donnez à un curé quel-
«conque un bon instituteur, capable de moraliser les en-
«fants en les instruisant bien, capable encore de subvenir
«à certaines exigences du culte sans que les classes aient
«à en souffrir; au lieu de froisser un curé en l'accusant
«sans preuves fondées d'être l'ennemi de la langue fran-
«çaise, reconnaissez que vous avez besoin de son concours
«pour amener les enfants à fréquenter les écoles, en été
«comme en hiver, puisque sans cette fréquentation vous
«n'obtiendrez jamais des résultats satisfaisants; procurez
«au même curé pour l'année de la première communion
«des enfants sachant bien le catéchisme allemand, et je
«réponds qu'il sera content et qu'il vous aidera avec toute
«l'énergie dont il est capable. Et alors la langue française
«s'implantera plus rapidement au milieu des populations
«allemandes de la Meurthe, non pas, sans doute, dans un
«an, dans dix ans, pas même dans vingt ans; car, malgré
«les chemins de fer, l'homme ne marche pas toujours vite,
«surtout quand il s'agit de lui donner un autre langage. Il
«est des œuvres pour lesquelles il faut avoir la patience
«de nos pères, qui ne reculaient pas devant un siècle
«d'efforts.»

Aujourd'hui je dirai: Partout où le français domine,
où l'instruction religieuse est donnée en français, le français doit être la langue de l'école et les instituteurs doivent
être capables de bien enseigner le français; partout où l'allemand est de temps immémorial en usage et la langue
du catéchisme et des prédications, l'allemand doit être la
langue de l'école. Mais nous accorderons que dans les
écoles françaises on fera bien peu à peu d'introduire pour

les élèves les plus avancés un cours d'allemand, lorsque les instituteurs seront capables de le faire ; nous demanderons que le français continue à être enseigné dans les écoles allemandes d'une manière convenable. Nos relations avec la France, pour être forcément plus rares, ne seront pas supprimées ; chaque jour nous serons en rapport avec nos frères des environs de Sarrebourg, Château-Salins et Metz, qui parlent uniquement le français ; il est de toute nécessité que les deux langues soient cultivées avec soin, bien que l'une des deux mérite davantage notre attention.

V.

Liberté d'association.

Il est une autre liberté chère aux catholiques. J'ai toujours été et serai toute ma vie le champion de la liberté d'association, parce qu'elle est le nerf du catholicisme. L'Église n'est-elle pas une vaste association qui embrasse tous les peuples ? L'office divin ne réunit-il pas tous les fidèles d'une même paroisse ? Les Ordres religieux et les confréries ne donnent-ils pas une impulsion exceptionnelle à la piété et aux vertus chrétiennes ? L'Église n'est directement persécutée qu'à de rares intervalles ; dans nos États modernes on consent encore à reléguer la religion dans les temples ; mais les corporations religieuses, que d'assauts n'ont-elles pas à subir, et de la part des journaux, et de la part des gouvernements, et de la part même de certains catholiques à préjugés ? Et d'où vient, la plupart du temps, ce *tollé* général contre les ordres religieux et les associations catholiques ? Des loges maçonniques où l'on prend la liberté de s'associer par des serments et des rites secrets, tandis qu'on refuse aux autres le droit de se réunir au su et vu de tout le monde. Je rends cette justice à la Prusse que depuis longtemps elle se montre plus tolérante que les autres pays de l'Allemagne à l'égard des corporations religieuses; mais ce que je lui ai toujours envié, c'est la liberté d'association pour laquelle la Lorraine et l'Alsace avaient peut-être plus d'aptitude que les autres contrées de la France. Qui a plus gémi que moi de la suppression du conseil général et des conseils centraux de la société de Saint-Vincent-de-Paul, sous prétexte qu'elle formait un État dans l'État? N'ai-je pas dû m'étonner à juste droit, qu'après avoir décapité une société qui ne demandait qu'à faire le bien publiquement, on ait voulu m'obliger de produire de nouveaux statuts sur papier libre et sur papier *timbré*, afin d'établir une nouvelle conférence? Naturellement j'ai renvoyé l'administration à la loi française pourtant si restrictive qui permettait encore une réunion de vingt personnes. Je reviens de Cologne où j'ai assisté à une réunion du Gesellenverein et à une assemblée de la Bürgergesellschaft. Les ouvriers ont leur maison à eux où ils se réunissent sous la direction d'un prêtre et par centaines. Ils provoquent dans d'autres villes des réunions semblables, animées du même esprit et subissant la même direction centrale; ils apprennent ce que nos ouvriers français ont tant oublié, que le travail, l'ordre, la vertu et les récréations honnêtes seules conduisent à quelque bonheur ici-bas et à une félicité éternelle. Les bourgeois et les gens aisés se réunissent jusqu'à cinq cents dans un même local prêt à les recevoir chaque jour. Ils discutent entre eux les questions politiques et communales, comme les questions religieuses, se forment en comités, font appel au besoin à leurs concitoyens et les convoquent en masse dans un local plus grandiose. C'est ainsi que l'Allemagne a depuis longtemps ses comités électoraux ; c'est ainsi que chaque année on y admire des assemblées de dix, vingt mille catholiques qui savent se tracer un programme politique ou se lever pour la défense du Saint-Siége. Au moment même où je trace ces lignes les provinces rhénanes s'agitent pacifiquement et s'unissent efficacement pour mieux fêter le jubilé papal de notre bien-aimé Pie IX, dont le Pontificat, fait unique dans l'histoire, atteindra, le 16 juin prochain, les vingt-cinq années du Pontificat de Saint-Pierre. Serait-ce trop demander à l'Allemagne que d'exiger sa liberté d'association pour l'Alsace-Lorraine? Au besoin nous nous lèverions tous comme un seul homme pour la revendiquer.

VI.

L'union fait la force.

Pour la défense de toutes nos libertés, il est de la plus haute importance que les bons catholiques de l'Alsace-Lorraine sachent s'unir comme font nos frères d'Allemagne. J'ai peut-être donné à cette brochure un titre trop prétentieux, mais je ne l'ai fait qu'afin d'attirer l'attention et de provoquer cette *union* qui sera *notre force*. Quand Dieu voulut sauvegarder les traditions primitives, il se choisit un peuple unique auquel il donna sa loi ; quand Jésus-Christ établit son Église, il la bâtit sur le roc inébranlable de Pierre qui défie toutes les portes de l'enfer, la rendit forte par cette imposante unité qui fera toujours l'admiration de nos adversaires même. Quand l'hérésie, la franc-maçonnerie ou la révolution anti-religieuse et anti-sociale méditent un plan, ils font appel au dévouement de tous leurs affidés pour arriver à leur but. *Les enfants de ténèbres seront-ils donc toujours plus prudents que les enfants de lumière,* selon la remarque de l'Évangile? *Aurons-nous toujours des yeux pour ne point voir, des oreilles pour ne point entendre?* Où la France est-elle arrivée avec ses divisions? N'est-ce pas le cas de répéter : *Tout royaume divisé périra?* A quel degré de prospérité n'est pas arrivée la Prusse avec sa forte organisation, sa discipline? Partout l'union produit des merveilles, dans le commerce et l'industrie, les arts et les sciences, dans le domaine politique comme sur le terrain religieux. Je n'ai pu qu'effleurer dans cette brochure nos principales libertés, j'ai planté quelques jalons, j'ai lancé quelques idées en avant, je fais surtout appel aux vrais catholiques et gens de cœur, et je leur dis : Unissons-nous par l'association, la presse, la prière, et notre programme se discutera, s'affermira, nos résolutions devi endront précises et fermes, notre force sera invincible.

L'association. Nous ne ferons jamais rien si nous ne sortons pas de cette apathie dans laquelle nous vivions, pour notre malheur, sous le déplorable gouvernement impérial de France. On me l'a répété cent fois en Allemagne : «Nous avons obtenu certaines libertés, parce que nous avons combattu; nous avons résisté; nous nous sommes réunis.» Et l'on ajoutait : «Préparez-vous dès maintenant aux élections futures; apprenez à vous connaître, à vous compter; ne donnez votre entière confiance qu'à de vrais catholiques, à des ultramontains.» Il serait certainement fâcheux pour le pays s'il ne se trouvait pas prêt au moment des élections, qui ne paraissent pas devoir être éloignées. Comment ses élus pour la représentation provinciale du *Landstag* et pour la grande représentation du *Reichstag* défendraient-ils nos vrais intérêts? Nous avons pu nous convaincre aux dernières élections françaises que les comités électoraux n'étaient pas sans influence. Nos sympathies pour la France ne doivent pas nous laisser étrangers aux intérêts politiques et religieux de l'Allemagne, encore moins à ceux de l'Alsace et de la Lorraine, que nous ne devons jamais déserter et que nous devons soigner avant tout. Nous sommes détachés de la France par un traité définitif. Il faut, bon gré mal gré, accepter la situation et en tirer le meilleur parti possible. Cesserions-nous d'être Alsaciens, Lorrains, parce que nous sommes annexés à l'Allemagne? Nullement. Plus nous regrettons la France, et plus nous devons nous dévouer aux intérêts de l'Alsace-Lorraine. Que chacun donc se lève et s'unisse à son voisin pour travailler au bien de notre province. Mais notre union ne se complétera, ne se consolidera, nous ne pourrons parfaitement échanger nos vues qu'au moment où notre presse sera plus libre et plus catholique.

La presse. Il paraît que le gouvernement d'Alsace prétend que l'état de siége n'est pas levé, et il en profite pour museler la presse catholique et lui proposer des conditions exorbitantes et inacceptables. Quand finira cet état de choses? Je ne le sais. Est-il de l'intérêt du gouvernement d'entraver la presse catholique? Je ne le crois pas. Faudrat-il attendre toujours plus longtemps cette liberté qu'on nous promet? La presse joue un grand rôle en Allemagne, où chacun s'occupe des affaires du pays. Quelle influence détestable n'a pas exercé la mauvaise presse en France sur les générations actuelles ! Nous catholiques, qui devrions être tous des apôtres, nous croiserons-nous les bras devant cette avalanche de faux principes et d'erreurs, d'attaques incessantes contre nos plus chères croyances, qui menace d'engloutir la société et qui médite d'anéantir l'Église, s'il était possible ? Je sais qu'il y a des catholiques apostats et ennemis de toute religion positive, des catholiques tièdes et des catholiques bien pensants. Aux premiers il y a peu à conseiller : le prêtre n'a pas d'influence sur eux ; tout au plus quelques bons laïques pourront-ils réfuter leurs maximes erronées dans des causeries privées ou publiques, attirer leur attention sur certains écrits ou quelques articles de journaux religieux. Aux seconds il faut faire comprendre le danger qu'ils courent en ne lisant que de mauvaises productions. Le proverbe ne dit-il pas : *Dis-moi qui tu hantes, et je te dirai qui tu es ?* Et l'Apôtre : *Les mauvais discours corrompent les bonnes mœurs ?* Qui voudrait fréquenter une compagnie dans laquelle il verrait sa mère insultée tous les jours ? Et l'on ne rougit pas de s'abonner à des journaux ou des livraisons, de lire des ouvrages qui insultent et bafouent journellement ou périodiquement notre Mère la sainte Église ! Un bon catholique sera-t-il fils aussi dénaturé ? Assurément non ; et je n'ai pas à le diriger dans le choix de ses lectures. Il consultera toujours son curé ou son confesseur, les meilleurs chrétiens de la localité, quand il s'abonnera à de nouvelles productions ou à un journal quelconque. Sans doute, dans une hôtellerie ou dans un cercle, ou même chez vous, vous pourrez tenir plusieurs journaux de nuances diverses, afin de vous mieux mettre au courant de certaines choses qu'il peut vous importer de connaître ; mais ce que je combattrai toujours, c'est l'exclusion, en pareil cas, de journaux catholiques, c'est l'inconcevable insouciance qu'une foule de catholiques ont montrée depuis longtemps pour la diffusion de la bonne presse. Aux mauvais ouvrages opposons les bibliothèques paroissiales, aux brochures ou aux livraisons scandaleuses opposons les *Petites lectures* ou les livraisons allemandes de *Sœst*, les écrits que beaucoup d'entre nous pourraient publier eux-mêmes. Aux journaux antireligieux opposons des journaux catholiques, à la fondation et à la diffusion desquels nous devons tous contribuer par notre abonnement. Si nous sommes peu avides de grandes publications, qui feraient une trop large brèche à notre bourse et à notre temps, répandons autour de nous le *Volksfreund,* qui, je crois, pourrait avoir son émule en français, à Metz, par la création d'une petite *Semaine religieuse,* d'où les principales nouvelles politiques ne seraient pas exclues davantage. Si notre culture intellectuelle et notre position réclament un journal plus étendu, insistons pour que le *Volksbote,* de Rixheim, ou un journal catholique de Metz paraissent bientôt dans les deux langues et journellement, ou au moins tous les deux jours. Si nous ne voulons pas rester indifférents aux événements de la France et de toute l'Allemagne, ne renonçons pas à nos journaux catholiques de Nancy et de Paris, et lisons le plus grand journal catholique de l'Allemagne : *die Kœlnische Volkszeitung.* Alors nous répondrons aux vœux du Saint-Père, qui a souvent proclamé que «la bonne presse a pour mission de nos jours de re-«mettre sur le chemin de la vérité la pauvre humanité,

«toujours plus égarée, et de propager la vraie civilisation
«et le progrès réel par la diffusion des idées chrétiennes.»
Alors, comme les anciens Israélites, nous rebâtirons les
murs de Jérusalem, en tenant le glaive d'une main et la
truelle de l'autre, en combattant la mauvaise et en pro-
pageant la bonne presse. Puisse ce programme se réaliser
pour le plus grand bien de notre Alsace-Lorraine, et con-
courir encore au bien de la France et de l'Allemagne!

La prière. Toutefois nous avons beau *planter* et *arro-
ser*, Dieu seul *donne l'accroissement.* L'Apôtre nous l'as-
sure, et ne chantons-nous pas souvent avec le roi-prophète:
*C'est en vain que travaillent ceux qui construisent, si
Dieu n'édifie la maison?* Et si *la prière assidue du juste,*
selon nos livres saints, *a un immense pouvoir sur le
cœur de Dieu,* Jésus-Christ n'a-t-il pas formellement promis que *là où deux ou trois seraient réunis en son nom,
il serait au milieu d'eux?* Bien des personnes se sont
découragées et ont cessé leurs ferventes prières, parce
que les événements n'ont pas marché pendant la dernière
guerre au gré de leurs désirs et de leurs sympathies pour
la France! *Hommes de peu de foi,* leur dirai-je avec notre
divin Sauveur, *à quoi sert à l'homme de gagner le
monde entier, s'il vient à subir quelque dommage dans
son âme?* Savez-vous si le châtiment infligé à la France
ne sera pas le signe de son réveil; si l'annexion de l'Alsace-
Lorraine à l'Allemagne ne sera pas utile à l'une et à
l'autre? Dieu ne subordonne-t-il pas les intérêts temporels
aux intérêts éternels? *Qui a jamais été son conseiller?
Ses voies sont inscrutables.* Adorons les desseins secrets
de sa providence qui nous seront peut-être mieux connus
plus tard; prions pour notre pauvre France que nous ne

cesserons pas d'aimer, qui souffre si cruellement et qui se relèvera dès le jour où elle n'oubliera plus qu'elle est *la fille aînée de l'Église;* prions pour cette Allemagne forte aujourd'hui et qu'un souffle peut renverser demain, afin que le catholicisme y prospère de jour en jour davantage; prions pour notre chère Alsace, notre chère Lorraine, afin qu'elles puissent former une belle province catholique aussi libre et indépendante que possible. Prions les uns pour les autres, parce que nous ne savons pas ce que l'avenir nous prépare; beaucoup d'hommes sérieux le voient encore gros d'orages. Mieux nous serons préparés pour la lutte au milieu des crises que la Société ou l'Église aurait encore à traverser même en Allemagne, et plus certain sera le triomphe de la vraie foi, car c'est elle qui vaincra le monde : *Hæc est victoria quæ vincit mundum fides nostra.*

Mois de Marie 1871.

POST-SCRIPTUM.

Ma brochure, publiée à la hâte dès le lendemain de la paix de Francfort, renferme nécessairement des lacunes. Avant d'en publier une seconde édition et d'en faire une traduction allemande, je serais heureux de recevoir *par écrit* les observations de mes confrères et des catholiques qui ont vraiment à cœur les intérêts de leur pays, de l'Alsace-Lorraine. Il s'agit de nous entendre sans délai.

Je viens de lire dans le *Volksfreund :* «On nous écrit «de Berlin : On désire, on croit même nécessaire qu'une

«députation catholique paraisse bientôt ici. Les catholiques
«d'Allemagne prennent une part immense au sort de l'Al-
«sace-Lorraine et sont prêts à faire ce qui dépend d'eux
«pour assurer dans ce pays les droits de l'Église. Un
«député du Reichstag me disait aujourd'hui que, pour
«tout au monde, les catholiques d'Alsace-Lorraine de-
«vaient rester unis et revendiquer avec énergie leurs droits
«politiques, sans quoi ils seraient débordés par le libéra-
«lisme national. La diffusion de bons journaux, et surtout
«la création d'une feuille catholique est vivement réclamée
«par ce député. La députation de l'Alsace qui s'est trans-
«portée ici s'est complétement laissée prendre dans les
«filets des libéraux et des protestants.»

De son côté la *Volkszeitung* de Cologne annonce que
le député *Vœlk* veut, au nom de la fraction libérale du
Reichstag, proposer d'enlever aux congrégations religieuses tout droit de corporation et toute personnalité
civile.

Le moment serait bien choisi! Que l'Allemagne le
sache : Elle n'aura jamais la moindre de nos sympathies,
si elle ne respecte pas toutes nos libertés catholiques.
Liberté du culte, liberté de l'enseignement, liberté d'association, liberté de la charité, liberté et indépendance du
Saint-Siége, toutes ces libertés nous sont chères au-delà
de toute expression : y toucher, c'est toucher à la prunelle
de nos yeux. Le *Libéralisme* anti-chrétien, la *morale indépendante,* la *philanthropie humanitaire* ou la seule
bienfaisance légale ne feront pas plus le bonheur de
l'Allemagne qu'ils n'ont fait celui de la France; il nous
faut les œuvres vivifiantes du catholicisme. Les libres
penseurs de l'Allemagne, qui viennent de parcourir la

France en vainqueurs, n'ont-ils pas avoué que rien n'est comparable au dévouement de nos congrégations religieuses? Le prince de Weimar n'a-t-il pas récemment conjuré l'évêque de Rottenbourg de former beaucoup de *sœurs?*

«La liberté de l'Église est la condition première de la paix des esprits et de l'ordre moral dans le monde,» disait, il y a peu de jours, le comte de Chambord en reconnaissant que la France n'a dû sa grandeur comme ses malheurs qu'à la plus ou moins grande protection qu'elle accordait au Saint-Siége. Cette liberté de l'Église, toute notre vie nous la revendiquerons envers et contre tous, pour son *chef* et ses *membres*. Notre devise sera toujours celle que notre bien-aimé Pie IX proposait, le mois dernier, à la députation styrienne, *clama, ne cesses, élève la voix sans jamais te lasser* (Isaïe LVIII, 1). «Soyez modérés et per-«sistants,» ajoutait le pieux Pontife, «soyez prudents et «inébranlablement fermes jusqu'à ce qu'il plaise à Dieu de «rétablir la JUSTICE dans ses *droits divins et humains.*»